Gonzalo Fernández de Oviedo

AF273562

ANIMALARIO DE INDIAS

maxtor

© de la presente edición
 del 2026:

Editorial Gráficas Maxtor
 Fray Luis de León, 20
 47002 Valladolid (España)
 +34 983 090 110
 info@graficasmaxtor.es
 www.graficasmaxtor.es

I.S.B.N. 978-84-1171-146-3
depósito legal: DL VA 174-2026

Presentación

Para los ojos de un niño, todos los animales son fantásticos. La pelambre del gato, la amistad del perro, la gallina muerta de la cena y la vaca quieta de las ubres rosas pueden ser tan asombrosas como la furia del unicornio, la batalla del kraken contra el chacalote o los dos sexos de la mandrágora. Los descubridores de las Indias pudieron ver el orden de las bestias con ojos semejantes a los de un niño: todo lo que veían era nuevo y el jaguar, al tiempo que era un tigre, era mucho más.

Sobre la novedad de las bestias y sus características fantásticas hay algunos libros memorables. Dos provienen de la Antigüedad: el de Herodoto y la Historia de los animales, *de Claudio Eliano. Otro lo inventó Tolkien y apenas difiere de los mencionados en una cosa: Middle Earth realmente es ficción. Declarar esto no tiene sentido. ¿Es más real Cipango que la California? ¿La Antártida existe pero Fantasía no? La lección la dan los niños: es fantástico cualquier país que miren ojos nuevos.*

Este Bestiario de Indias *recoge el testimonio de Gonzalo Fernández de Oviedo, quien vio por primera vez las aves y las bestias del Nuevo Mundo. El colibrí (pero él vio un pájaro mosca), los conejos, los zorrillos, el manatí, son objeto de su observación. Como en otros bestiarios (el de Borges o uno muy curioso, las* Historias de cronopios y famas, *de Cortázar), en éste resulta notable la magia de los seres comunes, magia que les viene del espíritu sorprendido que los observa. De los bestiarios el lector puede sacar una conclusión infantil: hay que tratar a los animales con cuidado, no sea que al tocarlos se nos conviertan en otra cosa.*

Para transmitir a nuestros ojos el sentimiento de la novedad resulta muy útil el estilo de Fernández de Oviedo. Él era un conquistador reportando los hechos al emperador Carlos V, en un lenguaje rústico y directo. Los azares fomentan la literatura. Para nosotros, el mismo Fernández de Oviedo puede ser un escritor de fábulas que registra, en español de su tiempo, lo que sólo ve en la mente. Decide tú lector cuál libro prefieres, el del informante o el del fabulador. En los problemas de la decisión tal vez encuentres el gusto fundamental de casi toda la literatura.

De los animales, y primeramente del tigre

E<small>L TIGRE</small> es animal que, según los antiguos escribieron, es el más velocísimo de los animales terrestres; y *tiguer* en griego quiere decir saeta; y así, por la velocidad del río Tigris se le dio este nombre. Los primeros españoles que vieron estos tigres en Tierra-Firme llamaron así a estos animales, los cuales son según y de la manera del que en esta ciudad de Toledo dio a vuestra majestad el almirante don Diego Colón, que le trajeron de la Nueva España. Tiene la hechura de la cabeza como león o onza, pero gruesa, y ella y todo el cuerpo y brazos pintado de manchas negras y juntas unas con otras, perfiladas de color bermeja, que hacen una hermosa labor o concierto de pintura; en el lomo y a par de él mayores estas manchas, y disminuyéndose hacia el vientre y brazos y cabeza; éste que aquí se trajo era pequeño y nuevo, y a mi parecer podría ser de tres años; pero haylos muy mayores en Tierra-Firme, y yo le he visto más alto bien que tres palmos y de más de cinco de luengo; y son muy doblados y recios de brazos y piernas, y muy armados de dientes y colmillos y uñas, y en tanta manera fiero, que a mi parecer ningún león real de los muy grandes no es tan fiero ni tan fuerte. De aquestos animales hay muchos en la Tierra-Firme, y se comen muchos indios, y son muy dañosos; pero yo no me determino si son tigres, viendo lo que se escribe de la ligereza del tigre y lo que se ve de la torpeza de aquestos que tigres llamamos en las Indias. Verdad es que, según las maravillas del mundo y los extremos que las criaturas, más en unas partes que en otras, tienen, según las diversidades de las provincias y constelaciones donde se crían, ya vemos que las plantas que son nocivas en unas partes, son sanas y provechosas en otras, y las aves que en una provincia son de buen sabor, en otras partes no curan de ellas ni las comen; los hombres, que en una parte son negros, en otras provincias son blanquísimos, y los unos y los otros son hombres; ya podría ser que los tigres asimismo fuesen en una parte ligeros, como escriben, y que en la India de vuestra majestad, de donde aquí se habla, fuesen torpes y pesados. Animosos son los hombres y de mucho atrevimiento en algunos reinos, y tímidos y cobardes naturalmente en otros. Todas estas cosas, y otras muchas que se podrían decir a este propósito, son fáciles de probar y muy dignas de creer de todos aquellos que han leído o andado por el mundo, a quien la propia vista habrá enseñado la experiencia de lo que es dicho. Notorio es que la yuca, de que hacen pan en la isla Española, que matan con el zumo de ella, y que no se osa comer en fruta; pero en Tierra-Firme no tiene tal propiedad; que yo la he comido muchas veces, y es muy buena fruta. Los murciélagos en España aunque piquen no matan ni son ponzoñosos, pero en Tierra-Firme muchos hombres murieron de picaduras de ellos, como en su lugar se dirá. E así de aquesta forma se podrían decir tantas cosas, que no nos bastase tiempo para leerlas. Mi fin es decir que este animal podría ser tigre, y no de la ligereza de los tigres de quien Plinio y otros autores hablan. Aquestos de Tierra-Firme se matan muchas veces fácilmente por los ballesteros en esta manera: así como el ballestero ha conocimiento y sabe dónde anda algún tigre de éstos, sale a buscar con su ballesta y con un can pequeño ventor o sabueso (y no con perro de presa, porque al perro que con él se aferra le mata luego, porque es animal muy armado y de grandísima fuerza); el cual perro ventor, así como da de él y lo halla, anda alrededor ladrándole y pellizcando y huyendo; y tanto le molesta, que le hace subir y encaramar en el primero árbol que por allí está, y el dicho tigre, de importunado del dicho ventor, se sube a lo alto y se está allí, y el perro al pie del árbol ladrándole, y él regañando mostrando los dientes; llega el ballestero, y desde a doce o quince pasos le tira con un rallón y le da por los pechos, y echa a huir, y el dicho tigre queda con su trabajo y herido mordiendo la tierra y árboles, y desde a espacio de dos o tres horas o otro día el montero torna allí, y con el perro luego le halla donde está muerto. El año de 1522 años yo y otros regidores de la ciudad de Santa María del Antigua del Darien hicimos en nuestro cabildo y ayuntamiento una ordenanza, en la cual prometimos cuatro o cinco pesos de oro al que matase cualquiera tigre de éstos, y por este premio se mataron muchos de ellos en breve tiempo, de la manera que es dicho, y con cepos asimismo. Para mi opinión, ni tengo ni dejo de tener por tigres estos tales animales, o por panteras o otro de aquellos que se escriben del número de los que se notan de piel maculada, o por ventura otro nuevo animal que asimismo la tiene y no está en el número de los que están escritos; porque de muchos animales que hay en aquellas partes, y entre ellos aquestos que yo aquí pondré, o los más de ellos, ningún escritor supo de los antiguos, como quiera que están en parte y tierra que hasta nuestros tiempos era incógnita, y de quien ninguna mención hacía la *Cosmografía* del Tolomeo ni otra, hasta que el almirante don Cristóbal Colón nos la enseñó; cosa por cierto más digna y sin comparación hazañosa y grande que no fue dar Ercoles[*] entrada al mar Mediterráneo en el Océano, pues los griegos hasta él nunca le supieron; y de aquí viene aquella fábula que dice que los montes Calpe y Ávila (que son los que en el estrecho de Gibraltar, el uno en España y el otro en África, están enfrente el uno del otro) eran juntos, y que el Ercoles que los abrió, dio por allí la entrada al mar Océano y puso sus columnas en Cádiz y Sevilla, que vuestra majestad trae por divisa, con aquella su letra de *Plus ultra*; palabras en verdad dignas de tan grandísimo y universal emperador, y no convenientes a otro príncipe alguno; pues en partes tan extrañas y tantos millares de leguas adelante de donde Ercoles y todos los príncipes universos han llegado, las ha puesto vuestra sacra católica majestad. Así que, pues que Ercoles fue el que aquello poco navegó, y por eso dicen los poetas que dio la puerta al Océano, etc., por cierto, Señor, aunque a Colón se hiciera una estatua de oro, no pensaran los antiguos que le pagaban si en su tiempo él fuera.

Tornando a la materia comenzada, digo que de la manera y fación de este animal, pues vuestra majestad le ha visto, y al presente está vivo en esta ciudad de Toledo, no hay qué se diga de él más de

[*] Hércules.

lo dicho; pero este leonero de vuestra majestad, que ha tomado cargo de le amansar, podría entender en otra cosa que más útil y provechosa le fuese para su vida, porque este tigre es nuevo, y cada día será más recio y fiero y se le doblará la malicia. A este animal llaman los indios ochi, en especial en Tierra-Firme, en la provincia que el Católico rey don Fernando mandó llamar Castilla del Oro. Después de esto escrito muchos días, sucedió que este tigre de que de suso se hizo mención, quiso matar al que tenía cargo de él, el cual lo había ya sacado de la jaula, y muy doméstico le tenía y atado con muy delgada cuerda, y tan familiar, que yo estaba espantado de verle, pero no desconfiado que esta amistad había de durar poco; en fin, que un día hubiera de matar al que tenía cargo de él; y desde a poco tiempo se murió el dicho tigre o le ayudaron a morir, porque en la verdad estos animales no son para entre gentes, según son feroces y de su propia natura indomables.

DEL BEORI*

Los cristianos que en Tierra-Firme andan llaman danta a un animal que los indios le nombran beori,

* Tapir americano.

a causa que los cueros de estos animales son muy gruesos, pero no son dantas. E así han dado este nombre de danta al beorí tan impropiamente como al ochi el de tigre. Estos animales beoríes son del tamaño de una mula mediana, y el pelo es pardo, muy oscuro y más espeso que el del búfalo, y no tiene cuernos, aunque algunos los llaman vacas. Son muy buena carne, aunque es algo más mollicia que la de la vaca de España; los pies de este animal son muy buen manjar y muy sabrosos, salvo que es menester que cuezan veinte y cuatro horas; pero pasadas éstas, es manjar para le dar a cualquiera que huelgue de comer una cosa de muy buen sabor y digestión; matan estos beoris con perros, y después que están asidos ha de socorrer el montero con mucha diligencia a alancear este animal antes que se entre en el agua, si por allí cerca la hay, porque después que se entra en el agua, se aprovecha de los perros y los mata a grandes bocados, y acaece llevar un brazo con media espalda cercen de un bocado a un lebrel, y a otro quitarle un palmo o dos del pellejo, así como si lo desollasen; y yo he visto lo uno y lo otro, lo cual no hacen tan a su salvo fuera del agua. Hasta ahora los cueros de estos animales no los saben adobar, ni se aprovechan de ellos los cristianos, porque no los saben tratar; pero son tan gruesos o más que los del búfalo.

DEL GATO CERVAL

El gato cerval es muy fiero animal y es de la manera y hechura y color que los gatos pardillos pequeños mansos que tenemos en casa; pero es tan grande o mayor que los tigres de que de suso se ha hecho mención, y es el más feroz animal que hay en aquellas partes, y de que los cristianos más temen, y muy más ligero que todos los que por allá hay ni se han visto.

LEONES REALES

En Tierra-Firme hay leones reales, ni más ni menos que los de África; pero son algo menores y no tan denodados, antes son cobardes y huyen; mas aquesto es común a los leones, que no hacen mal si no los persiguen o acometen.

LEONES PARDOS

Hay asimismo leones pardos en Tierra-Firme, y son de la forma y manera misma que en estas partes se han visto, o los hay en África, y son veloces y fieros; pero ni éstos ni los leones reales, hasta ahora, no han hecho mal a cristianos, ni comen los indios, como los tigres.

RAPOSAS

Hay raposas, las cuales son ni más ni menos que las de España en la facción, pero no en la color, porque son tanto o más negras que un terciopelo muy negro; son muy ligeras y algo menores que las de acá.

CIERVOS

Ciervos hay muchos en Tierra-Firme ni más ni menos que los hay en España, en color y grandeza y lo demás; pero no son tan ligeros, lo cual yo puedo muy bien testificar, porque los he corrido y muerto con los perros en aquellas partes algunas veces, y también los he muerto con la ballesta.

GAMOS

Gamos hay asimismo, y muchos, en especial en la provincia de Santa Marta, y son de la forma y tamaño que los de España; y en el sabor, así los gamos como los ciervos, son tan buenos o mejores que los de España.

PUERCOS

Puercos monteses se han hecho muchos en las islas que están pobladas de cristianos, así como en Santo Domingo, y Cuba, y San Juan, y Jamaica, de los que de España se llevaron; pero aunque de los puercos que se han llevado a Tierra-Firme se hayan ido algunos al monte, no viven, porque los animales así como tigres y gatos cervales y leones se los comen luego; pero de los naturales puercos de la Tierra-Firme hay muchos salvajes, de los cuales muchas veces se ven grandes piaras o cantidad junta, y como andan en manadas juntos, no osan acometerlos los otros animales, puesto que no tienen colmillos como los de España, pero muerden muy reciamente, y matan los perros a bocados. Estos puercos son algo menores que los nuestros, y más peludos o cubiertos de lana, y tienen el ombligo en medio del espinazo, y de las pezuñas de los pies traseros no tienen dos, sino una en cada pie; en todo lo demás son como los nuestros. Mátanlos con cepos los indios, y con varas tiradas, y llaman al puerco chuche. Cuando los cristianos topan una manada de ellos, procuran subirse sobre alguna piedra o tronco de árbol, aunque no sea más alto que tres o cuatro palmos, y desde allí, como pasan siempre, con un lanzón hieren dos o tres, o más, o los que pueden, y socorriendo los perros, quedan algunos de ellos de esta manera; pero son muy peligrosos cuando así se hallan en compañía, si no hay lugar desde donde el montero pueda herirlos, como es dicho. Algunas veces se hallan, cuando las puercas se apartan a parir, y se toman algunos lechones de ellos; tienen muy buen sabor, y hay gran muchedumbre de ellos.

OSO HORMIGUERO

El oso hormiguero es casi a manera de oso en el pelo, y no tiene cola; es menor que los osos de España, y casi de aquella facción, excepto que el hocico tiene muy más largo, y es de muy poca vista. Tómanlos muchas veces a palos, y no son nocivos, y fácilmente los toman con los perros, y conviene que con diligencia los socorran antes que los perros los maten, porque no se saben defender, aunque muerden algo. E hállanse lo más continuamente cerca de los hormigueros de torronteros, que hacen cierta generación de hormigas muy menudas y negras en las campañas y vegas rasas que no hay árboles, donde por instinto natural ellas se apartan a criar fuera de los bosques, por recelo de este animal; el cual, como es cobarde y desarmado, siempre anda entre arboledas y espesuras, hasta que la hambre y necesidad, o el deseo de apacentarse de estas hormigas, le hace salir a los rasos a buscarlas. Estas hormigas hacen un torrontero tan alto como un hombre y poco más, y algunas veces menos, y grueso como una arca cortesana, y a veces como una pipa, y durísimo como piedra, y parecen estos tales torronteros cotos o mojones de términos; y debajo de aquella tierra durísima de que están fabricados hay innumerables o casi infinitas hormigas muy chiquitas, que se pueden coger a celemines quebrando el dicho torrontero; el cual, de haberse mojado con la lluvia, y tras el agua sobrevenir la calor del sol, algunas veces se resquiebra, y se hacen en él algunas hendeduras, pero muy delgadísimas, y en tanta delgadez, que un filo de un cuchillo no puede ser más delgado; y parece que la natura les da entendimiento o saber para hallar tal materia de barro estas hormigas, que pueden hacer aquel torrontero que es dicho tan durísimo, que no parece sino una muy fuerte argamasa; lo cual yo he experimentado y los he hecho romper; y no pudiera creer sin verlo la dureza que tienen, porque con picos y barretas de hierro son muy dificultosos de deshacer, y por entender mejor este secreto, en mi presencia lo he hecho derribar; lo cual, como es dicho, hacen las dichas hormigas para se guardar de aqueste su adversario o oso hormiguero, que es el que principalmente se debe cebar y sustentar de ellas, o les es dado por su émulo, a tal que se cumpla aquel común proverbio que dice que no hay criatura tan libre a quien falte su alguacil. Éste que la natura le dio a tan pequeño animal, tiene esta forma para usar su oficio en las escondidas hormigas, ejecutando su muerte, que se va al hormiguero que es dicho, y por una hendedura o resquebrajo tan sutil como un filo de espada, comienza a poner la lengua, y lamiendo, humedece aquella hendedura por delgada que sea; y son de tal propiedad sus babas, y tan continua su perseverancia en el lamer, que poco a poco hace lugar, y ensancha de manera aquella hendedura, que muy descansada o anchamente y a su voluntad, mete y saca la dicha lengua en el hormiguero, la cual tiene longuísima y desproporcionada según el cuerpo, y muy delgada; y después que la entrada y salida tiene a su propósito, mete la lengua todo lo que puede por aquel agujero que ha hecho, y estáse así quedo grande espacio; y como las hormigas son muchas y amigas de la humedad, cárgase sobre la lengua grandísima cantidad de ellas, y tantas, que se podrían coger a almuerzas o puños; y cuando le parece que tiene hartas, saca presto la lengua, resolviéndola en su boca, y cómeselas, y torna por más. E de esta forma come todas las que él quiere y se le ponen sobre la lengua. La carne de este animal es sucia y de mal sabor; pero como las desventuras y necesidades de los cristianos en aquellas partes, en los principios fueron muchas y muy extremadas, no se ha dejado de probar a comer; pero hase aborrecido tan presto como se probó por algunos cristianos. Estos hormigueros tienen por debajo a par del suelo la entrada a ellos, y tan pequeña, que con dificultad mucha se hallaría si no fuese viendo entrar y salir algunas hormigas; pero por allí no las podría dañar el oso, ni es tan a su propósito ofenderlas como por lo alto en aquellas hendeduricas, según que está dicho.

CONEJOS Y LIEBRES

Hay en Tierra-Firme conejos y liebres, y llámanlos así porque el lomo le tienen, en cuanto a la color, así como de liebre, y lo de demás es blanco, así como el vientre y las ijadas; y los brazos y piernas son algo pardicos; pero en la verdad, a lo que yo pude comprender, más conformidad tienen con liebres que no con conejos, y son menores que los conejos de España. Tómanse las más veces cuando se queman los montes, algunas veces con lazos por mano de los indios.

Los encubertados son animales mucho de ver, y muy extraños a la vista de los cristianos, y muy diferentes de todos los que se han dicho o visto en España ni en otras partes. Estos animales son de cuatro pies, y la cola y todo él es de tez, la piel como cobertura o pellejo de lagarto, pero es entre blanco y pardo, tirando más a la color blanca, y es de la facción y hechura ni más ni menos que un caballo encubertado, con sus costaneras y coplón, y en todo y por todo, y por debajo de lo que muestran las costaneras y cubiertas, sale la cola, y los brazos en su lugar, y el cuello y las orejas por su parte. Finalmente, es de la misma manera que un corsier con bardas; e es del tamaño de un perrillo o gozque de estos comunes, y no hace mal, y es cobarde, y hacen su habitación en torronteras, y cavando con las manos ahondan sus cuevas y madrigueras de la forma que los conejos las suelen hacer. Son excelente manjar, y tómanlos con redes, y algunos matan ballesteros, y las más veces se toman cuando se queman los campos para sembrar o por renovar los herbajes para las vacas y ganados; yo los he comido algunas veces, y son mejores que cabritos en el sabor, y es manjar sano. No podría dejar de

* Armadillo.

sospecharse si aqueste animal se hubiera visto donde los primeros caballos encubertados hubieron origen, sino que de la vista de estos animales se había aprendido la forma de las cubiertas para los caballos de armas.

PERICO LIGERO*

Perico ligero es un animal el más torpe que se puede ver en el mundo, y tan pesadísimo y tan espacioso en su movimiento, que para andar el espacio que tomarán cincuenta pasos, ha menester un día entero. Los primeros cristianos que este animal vieron, acordándose que en España suelen llamar al negro Juan Blanco porque se entienda al revés, así como toparon este animal le pusieron el nombre al revés de su ser, pues siendo espaciosísimo, le llamaron ligero. Éste es un animal de los extraños, y que es mucho de ver en Tierra-Firme, por la desconformidad que tiene con todos los otros animales. Será tan luengo como dos palmos cuando ha crecido todo lo que ha de crecer, y muy poco más de esta mesura será si algo fuere mayor; menores muchos se hallan, porque serán nuevos; tienen de ancho poco menos

* Perezoso.

que de luengo, y tienen cuatro pies, y delgados, y en cada mano y pie cuatro uñas largas como de ave, y juntas; pero ni las uñas ni manos no son de manera que se pueda sostener sobre ellas, y de esta causa, y por la delgadez de los brazos y piernas y pesadumbre del cuerpo, trae la barriga casi arrastrando por tierra; el cuello de él es alto y derecho, y todo igual como una mano de almirez, que sea de una igualdad hasta el cabo, sin hacer en la cabeza proporción o diferencia alguna fuera del pescuezo; y al cabo de aquel cuello tiene una cara casi redonda, semejante mucho a la de la lechuza, y el pelo propio hace un perfil de sí mismo como rostro en circuito, poco más prolongado que ancho, y los ojos son pequeños y redondos y la nariz como de un monico, y la boca muy chiquita, y mueve aquel su pescuezo a una parte y a otra, como atontado, y su intención o lo que parece que más procura y apetece es asirse de árbol o de cosa por donde se pueda subir en alto; y así, las más veces que los hallan a estos animales, los toman en los árboles, por los cuales, trepando muy espaciosamente, se andan colgando y asiendo con aquellas luengas uñas. El pelo de él es entre pardo y blanco, casi de la propia color y pelo del tejón, y no tiene cola. Su voz es muy diferente de todas las de todos los animales del mundo, porque de noche solamente suena, y toda ella en continuado canto, de rato en rato, cantando seis puntos, uno más alto que otro, siempre bajando, así que el más alto punto es el primero, y de aquél baja disminuyendo la voz, o menos sonando, como quien dijese, *la, sol, fa, mi, re, ut*; así este animal dice, *ah, ah, ah, ah, ah, ah*. Sin duda me parece que así como dije en el capítulo de los encubertados, que semejantes animales pudieran ser el origen o aviso para hacer las cubiertas a los caballos, así oyendo a aqueste animal el primero inventor de la música pudiera mejor fundarse para le dar principio, que por causa del mundo; porque el dicho perico ligero nos enseña por sus seis puntos lo mismo que por *la, sol, fa, mi, re, ut* se puede entender.

Tornando a la historia, digo que después que este animal ha cantado, desde a muy poco de intervalo o espacio torna a cantar lo mismo. Esto hace de noche, y jamás se oye cantar de día; y así por esto como porque es de poca vista, me parece que es animal nocturno y amigo de oscuridad o tinieblas. Algunas veces que los cristianos toman este animal y lo traen a *casa*, se anda por ahí de su espacio, y por amenaza o golpe o aguijón no se mueve con más presteza de lo que sin fatigarle él acostumbra moverse; y si topa árbol, luego se va a él y se sube a la cumbre más alta de las ramas, y se está en el árbol ocho y diez y veinte días, y no se

---

Ut, nombre antiguo de la nota *do*.

puede saber ni entender lo que come; yo le he tenido en mi casa, y lo que supe comprender de este animal, es que se debe mantener del aire; y de esta opinión mía hallé muchos en aquella tierra, porque nunca se le vido comer cosa alguna, sino volver continuamente la cabeza o boca hacia la parte que el viento viene, más a menudo que a otra parte alguna, por donde se conoce que el aire le es muy grato. No muerde, ni puede, según tiene pequeñísima la boca, ni es ponzoñoso, ni he visto hasta ahora animal tan feo ni que parezca ser más inútil que aqueste.

ZORRILLOS

Hay unos animales pequeños como chiquitos gozques pardos, y el hocico y los medios brazos y piernas negros, y casi del talle y manera de zorrillos de España, y no son menos maliciosos, y muerden mucho; pero también los hay domésticos, y son muy burlones y traviesos, casi como los monicos, y su principal manjar, y de que con mejor voluntad comen, son cangrejos, de los cuales se cree que principalmente se deben sostener estos animales: yo he tenido uno de ellos, que una carabela mía me trujo de la costa de Cartagena, que lo dieron los indios flecheros a trueco de dos anzuelos para pescar, y lo tuve mucho tiempo atado a una cadenilla, y son animales muy placenteros, y no tan sucios como los gatos monillos.

DE LOS GATOS MONILLOS*

En aquella tierra hay gatos de tantas maneras y diferencias, que no se podría decir en poca escritura, narrando sus diferentes formas y sus innumerables travesuras, y porque cada día se traen a España, no me ocuparé en decir de ellos sino pocas cosas. Algunos de estos gatos son tan astutos, que muchas cosas de las que ven hacer a los hombres, las imitan y hacen. En especial hay muchos que así como ven partir una almendra o piñón con una piedra, lo hacen de la misma manera, y parten todos los que les dan, poniéndole una piedra donde el gato la pueda tomar. Asimismo tiran una piedra pequeña, del tamaño y peso que su fuerza basta, como la tiraría un hombre. Demás de esto, cuando los cristianos van por la tierra adentro, a entrar o hacer guerra a alguna provincia, y pasan por algún bosque donde haya de unos gatos grandes y negros que hay en Tierra-Firme, no hacen sino romper troncos y ramas de los

* Monos.

árboles, y arrojar sobre los cristianos, por los descalabrar, y les conviene cubrirse bien con las rodelas, y ir muy sobre aviso, para que no reciban daño, y les hieran algunos compañeros. Acaece tirarles piedras, y quedarse ellas allá en lo alto de los árboles, y tornarlas los gatos a lanzar contra los cristianos; y de esta manera un gato arrojó una que le había sido tirada, y dio una pedrada a un Francisco de Villacastur, criado del gobernador Pedrarias de Ávila, que le derribó cuatro o cinco dientes de la boca; al cual yo conozco, y le vi antes de la pedrada que le dio el gato, con ellos, y después muchas veces le vi sin dientes, porque los perdió, según es dicho. E cuando algunas sactas les tiran, o hieren a algún gato, ellos se las sacan, y algunas veces las tornan a echar abajo, y otras veces, así como se las sacan, las ponen ellos mismos de su mano allá en lo alto en las ramas de los árboles, de manera que no puedan caer abajo para que los tornen a herir con ellas, y otros las quiebran y hacen muchos pedazos. Finalmente, hay tanto que decir de sus travesuras y diferentes maneras de estos gatos, que sin verlo es dificultoso de creer. Haylos tan pequeñitos como la mano de un hombre, y menores; otros tan grandes como un mediano mastín. E entre estos dos extremos los hay de muchas maneras y de diversas colores y figuras, y muy variables, y apartados los unos de los otros.

En Tierra-Firme, en poder de los indios caribes flecheros, hay unos perrillos pequeños, gozques, que
tienen en casa, de todas las colores de pelo que en
España los hay; algunos bedijudos y algunos rasos, y
son mudos, porque nunca jamás ladran ni gañen, ni
aúllan, ni hacen señal de gritar o gemir aunque los
maten a golpes, y tienen mucho aire de lobillos, pero
no lo son, sino perros naturales. E yo los he visto
matar, y no quejarse ni gemir, y los he visto en el
Darien, traídos de la costa de Cartagena, de tierra de
caribes, por rescates, dando algún anzuelo en trueco
de ellos, y jamás ladran ni hacen cosa alguna, más que
comer y beber, y son harto más esquivos que los
nuestros, excepto con los de la casa donde están, que
muestran amor a los que les dan de comer, en el hala-
gar con la cola y saltar regocijados, mostrando querer
complacer a quien les da de comer y tienen por señor.

DE LA CHURCHA*

La churcha es un animal pequeño, del tamaño de un
pequeño conejo, y de color leonado y el pelo muy
delgado, el hocico muy agudo, y los colmillos y dien-

* Tlacuache, de México, o zarigüeña, de otras partes de América.
Pertenece al grupo de los canguros (marsupiales).

tes asimismo, y la cola luenga, de la manera que la tiene el ratón, y las orejas a él muy semejantes. Aquestas churchas en Tierra-Firme (como en Castilla las garduñas) se vienen de noche a las casas a comerse las gallinas, o a lo menos a degollarlas y chuparse la sangre; y por tanto son más dañosas, porque si matasen una, y de aquella se hartasen, menos daño harían; pero acaece degollar quince, y veinte, y muchas más, si no son socorridas. Pero la novedad y admiración que se puede notar de aqueste animal es, que si al tiempo que anda en estos pasos de matar las gallinas cría sus hijos, los trae consigo metidos en el seno, de aquesta manera: por medio de la barriga, al luengo, abre un seno, que hace de su misma piel, de la manera que se haría juntando dos dobleces de una capa, haciendo una bolsa, y aquella hendidura en que el un pliegue junta con el otro, aprieta tanto, que ninguno de los hijos se le cae aunque corra; y cuando quiere, abre aquella bolsa y suelta los hijos, y andan por el suelo, ayudando a la madre a chupar la sangre de las gallinas que mata; y como siente que es sentida, y alguno socorre y va con lumbre a ver de qué causa las gallinas se escandalizan, luego *incontinenti* la dicha churcha mete en aquella bolsa o seno los hijos, y se va si halla lugar por donde irse, y si le toman el paso, súbese a lo alto de la casa o gallinero a se esconder; y como muchas veces la toman viva, y algunas la matan, hase visto muy bien lo que es dicho, y hállanle los hijos metidos en aquella bolsa, dentro de la cual tiene las tetas y pueden los hijos estar mamando. Yo he visto algunas de estas churchas y todo lo que es dicho, y aun me han muerto las gallinas en mi casa de la manera susodicha. Es animal esta churcha que huele mal, y el pelo y la cola y las orejas tiene como ratón, pero es mayor mucho.

Pues se ha dicho de algunos animales particularmente, quiero asimismo traer a la memoria de vuestra majestad lo que se me acuerda de algunas aves que he visto y hay en aquellas partes; las cuales son muchas y de muchas maneras, y primeramente de aquellas que tienen semejanza a las de estas partes o son como ellas, y después se proseguirá en particular lo que me ocurriere de las otras que son diferentes a aquellas de que acá tienen noticia o se conocen.

AVES CONOCIDAS Y SEMEJANTES A LAS QUE HAY EN ESPAÑA

Hay en las Indias águilas reales y de las negras, y aguilillas y de las rubias; hay gavilanes y alcotanes, y halcones neblíes o peregrinos, salvo que son más negros que los de acá. Hay unos milanos que andan a comer los pollos, y tienen el plumaje y similitud de alfaneques.

Hay otras aves mayores que grandes girifaltes, y de muy grandes presas, y los ojos colorados en mucha manera, y la pluma muy hermosa y pintada a la manera de los azores mudados muy lindos, y andan pareados de dos en dos. Yo derribé uno una vez de un árbol muy alto, de una saetada que le di en los pechos, y caído abajo, era casi como una águila real, y estaba tan armado, que era cosa mucho de ver sus presas y pico, y aun vivió todo aquel día. Yo no le supe dar el nombre, ni alguno de cuantos españoles le vieron; pero a quien esta ave más parece, es a los azores muy grandes, y ésta es muy mayor que ellos; y así, los cristianos los llaman allá azores. Hay palomas torcaces, y zoritas, y golondrinas, y codornices, y aviones, y garzas reales, y garzotas, y flamencos, salvo que lo colorado de los pechos es más vivo y de más lindo plumaje. Hay cuervos marinos, hay ánades, y lavancos reales, y ánsares bravas, salvo que son negras, según se dijo atrás. Todas estas aves son de paso, y no se ven en todos tiempos, sino a cierto tiempo. Hay asimismo lechuzas y gaviotas.

DE OTRAS AVES DIFERENTES DE LAS QUE ES DICHO

Papagayos hay muchos, y de tantas maneras y diversidades, que sería muy larga cosa decirlo, y cosa más apropiada al pincel para darlo a entender, que no a la lengua; pero porque de todas las maneras que los hay, los traen a España, no hay para qué se pierda tiempo hablando en ellos. Pocos días antes que el Católico rey don Fernando pasase de esta vida, le truje yo a Placencia seis indios caribes de los flecheros que comen carne humana, y seis indias mozas, y muy bien dispuestos ellos y ellas, y truje la muestra del azúcar que se comenzaba a hacer en aquella sazón en la isla Española, y ciertos cañutos de cañafístola, de la primera que en aquellas partes por la industria de los cristianos se comenzó a hacer; y truje asimismo a su alteza treinta papagayos, o más, en que había diez o doce diferencias entre ellos, y los más de ellos hablaban muy bien. Estos papagayos, aunque acá parecen torpes, son todos muy grandes voladores, y siempre andan de dos en dos pareados, macho y hembra, y son muy dañosos para el pan y cosas que se siembran para mantenimiento de los indios.

RABIHORCADOS*

Hay unas aves grandes, y vuelan mucho, y lo más continuamente andan muy altos, y son negros y casi de rapiña, y tienen muy largos y delgados vuelos, y los codos de las alas muy agudos, y la cola abierta

* Actualmente fragatas.

como la del milano, y por esto le llaman rabihorcado; son mayores que los milanos, y tienen tanta seguridad en sus vuelos, que muchas veces las naos que van a aquellas partes, los ven veinte, y treinta leguas, y más, dentro en la mar, volando muy altos.

RABO DE JUNCO*

Unas aves hay blancas y muy grandes voladoras, y son mayores que palomas torcaces, y tienen la cola luenga y muy delgada; por lo cual se le dio el nombre que es dicho de rabo de junco, y vese muchas veces muy adentro en la mar, pero ave es de tierra.

PÁJAROS BOBOS

Hay unas aves que llaman pájaros bobos, y son menores que gavinas," y tienen los pies como los anadones, y pósanse en el agua alguna vez, y cuando las naves van a la vela cerca de las islas, a cincuenta o cien leguas de ellas, y estas aves ven los navíos, se vienen a ellos, y cansados de volar, se sientan en las entenas y árboles o gavias de la nao, y son tan bobos y esperan tanto, que fácilmente los toman a manos,

---

* Hoy rabijunco o pájaro tropical.
** Gaviotas.

y de esta causa los navegantes los llaman pájaros bobos: son negros, y sobre negro, tienen la cabeza y espaldas de un plumaje pardo oscuro, y no son buenos de comer, y tienen mucho bulto en la pluma, a respecto de la poca carne; pero también los marineros se los comen algunas veces.

PATINES*

Otros pájaros hay menores que tordos, y son muy negros, y creo que es una de las aves del mundo que más velocidad traen en su volar, y andan a raíz del agua, por altas o bajas que anden las ondas de la mar, y tan diestros en el subir o bajar el vuelo en la orden que la mar anda, y pegado al agua, que no se podría creer sin verse. Éstos se asientan cuando quieren en el agua, y casi la mayor parte de todo el camino de las Indias los vemos en el grande mar Océano, y tienen los pies como los patos o ánades.

PÁJAROS NOCTURNOS

En Tierra-Firme hay unas aves que los cristianos llaman pájaros nocturnos, que salen al tiempo que el sol se pone, cuando salen los murciélagos, y es gran-

---

* Actualmente fragatas.

de la enemistad de estas aves con los dichos murciélagos, y luego andan volándolos y persiguiendo a los
dichos murciélagos, golpeándolos;˙ lo cual no se
puede ver sin mucho placer de quien los mira. Hay
de estas aves muchas en el Darien, y son algo mayores que vencejos, y tienen aquella manera de alas, y
tanta o más ligereza en el volar; y por medio de cada
ala, al través, tienen una banda de plumas blancas, y
todo lo demás de su plumaje es pardo casi negro; las
cuales aves toda la noche no paran, y cuando escla-
rece el día se tornan a esconder, y no parecen hasta
que es puesto el sol, que tornan a su acostumbrada
pelea, contrastando con los dichos murciélagos.

MURCIÉLAGOS**

Pues en el capítulo de suso escrito se dijo de la con-
tención de los pájaros nocturnos y murciélagos,
quiero concluir con los dichos murciélagos. E digo
que en Tierra-Firme hay muchos de ellos, que fueron muy peligrosos a los cristianos a los principios

˙ Los pájaros nocturnos son los llamados en México tapacaminos.
Son insectívoros. Eso de que persigan a los murciélagos es proba-
blemente una mala observación al verlos volar entre ellos.
** Los murciélagos ponzoñosos son los llamados vampiros. No
son venenosos; pero su saliva parece que impide la coagulación de la
sangre, por lo cual, si cuando pican no se acude a tiempo, la pérdi-
da de sangre puede causar la muerte o un gran debilitamiento.

que a aquella tierra pasaron con el adelantado Vasco Núñez de Balboa y con el bachiller Enciso, cuando se ganó el Darien; porque, por no saberse entonces el fácil y seguro remedio que hay contra la mordedura del murciélago, algunos cristianos murieron entonces, y otros estuvieron en peligro de morir, hasta que de los indios se supo la manera de cómo se había de curar el que fuese picado de ellos. Estos murciélagos son ni más ni menos que los de acá, y acostumbran picar de noche, y comúnmente por la mayor parte pican del pico de la nariz, o de las yemas de las cabezas de los dedos de las manos o de los pies, y sacan tanta sangre de la mordedura, que es cosa para no se poder creer sin verlo. Tienen otra propiedad, y es, que si entre cien personas pican a un hombre una noche, después la siguiente o otra no pica el murciélago sino al mismo que ya hubo picado, aunque esté entre muchos hombres. El remedio de esta mordedura es tomar un poco de rescoldo de la brasa, cuanto se pueda sufrir, y ponerlo en el bocado. Hay asimismo otro remedio, y es tomar agua caliente, y cuanto se pueda sufrir la calor de ella, lavar la mordedura, y luego cesa la sangre y el peligro, y se cura muy presto la llaga de la picadura, la cual es pequeña, y saca el murciélago un bocadico redondo de la carne. A mí me han mordido, y me he curado con el agua de la manera que he dicho. Otros murciélagos hay en la isla de San Juan, que los comen, y están muy gordos, y en agua muy caliente se desuellan fácilmente, y quedan de la manera de los pajaritos de cañuela, y muy blancos y muy gordos y de buen sabor, según dicen los indios, y aun algunos cristianos, que los comen también, en especial aquellos que son amigos de probar lo que ven hacer a otros.

PAVOS

Hay unos pavos rubios y otros negros, y las colas tiénenlas de la hechura de las pavas de España; pero en el plumaje y en el color, los unos son todos rubios, y la barriga con un poco del pecho blanco, y los otros todos negros, y así la barriga y parte del pecho blancos; y los unos y los otros tienen sobre la cabeza una hermosa cresta o penacho, de plumas bermejas el que es bermejo, y negras el que es negro, y son de mejor comer que los de España. Estos pavos son salvajes, y algunos hay domésticos en las casas, que los toman pequeños. Los ballesteros matan muchos de ellos, porque los hay en mucha cantidad. Dicen algunos que el pavo es bermejo y la pava negra; otros son de parecer contrario, y dicen que el pavo es negro y la pava rubia; otros dicen que son de dos géneros, y que hay macho y hembra de ambas colores y de cualquiera de ellas. Si el ballestero no le da en la cabeza o en parte que caiga muerto el dicho pavo, aunque le den en una ala o otra parte, se va por tierra a peón y corre mucho; y como es muy espesa de árboles, conviene que el ballestero tenga buen perro y presto, para que el cazador no pierda su trabajo y la caza. Vale un pavo de estos un ducado, y a veces un castellano o peso de oro, que es tanto como en España un real para lo gastar. Otros pavos mayores y mejores de sabor y más hermosos se han hallado en la Nueva España, de los cuales han pasado muchos a las islas y a Castilla del Oro, y se crían domésticamente en poder de los cristianos; de aquestos las hembras son feas y los machos hermosos, y muy a menudo hacen la rueda, aunque no tienen tan gran cola ni tan hermosa como los de España; pero en todo lo al* de su plumaje son muy hermosos. Tienen el cuello y cabeza cubierto de una carnosidad sin pluma, la cual a menudo mudan de diversas colores, cuando se les antoja, en especial cuando hacen la rueda la tornan muy bermeja, y cuando la dejan de hacer la vuelven como amarilla y de otras colores, y como denegrido, hacia color parda y blanca, algunas veces; y en la frente sobre el pico tiene el pavo un

* Demás.

pezón corto, el cual cuando hace la rueda le alarga o le crece más de un palmo; y de la mitad de los pechos le nace y tiene una vedija de cerdas tan gruesa como un dedo, y aquellas cerdas ni más ni menos que las de la cola de un caballo, muy negras, y luengas más de un palmo. La carne de estos pavos es muy buena, y sin comparación, mejor y más tierna que la de los pavos de España.

ALCATRAZ*

Unas aves hay en aquellas partes que llaman alcatraces, y son muy mayores que ansarones, y la mayor parte del plumaje es pardo y algo en parte abutardado, y el pico es de dos palmos, poco más o menos, muy ancho cerca de la cabeza, y vase disminuyendo hasta la punta, y tiene un muy grueso y grande papo, y son casi de la hechura y manera de una ave que yo vi en Flandes, en la villa de Bruselas, en el palacio de vuestra majestad, que la llamaban hayna. Acuérdome que estando un día comiendo vuestra majestad en la gran sala, le vi traer allí en su real presencia una caldera de agua con ciertos pescados vivos, y los comió así enteros; la cual ave yo tengo que debía de

* O pelícano.

ser marítima, y tales tenía los pies como las aves de agua o los ansarones suelen tenerlos, y así los tienen los alcatraces, los cuales asimismo son aves marítimas, y tamañas, que yo vi meterle a un alcatraz un sayo entero de un hombre en el papo, en Panamá el año de 1521 años. Y porque en aquella playa y costa de Panamá pasa cierta volatería de estos alcatraces, que es cosa de notar y mucho de ver, quiero aquí decirla, pues que sin mí, al presente en esta corte de vuestra majestad hay personas que lo han visto muchas veces, y es ésta: sabrá vuestra majestad que allí, como atrás se dijo, crece y mengua aquella mar del Sur dos leguas y más, de seis en seis horas, y cuando crece, llega el agua de la mar tan junto de las casas de Panamá, como en Barcelona o en Nápoles lo hace el mar Mediterráneo. E cuando viene la dicha creciente, viene con ella tanta sardina, que es cosa maravillosa y para no se poder creer la abundancia de ella sin lo ver; y el cacique de aquella tierra, en el tiempo que yo en ella estuve, cada un día era obligado, y le estaba mandado por el gobernador de vuestra majestad que trujese ordinariamente tres canoas o barcas llenas de la dicha sardina, y las vaciase en la plaza, y así se hacía continuamente, y un regidor de aquella ciudad la repartía entre todos los cristianos, sin que les costase cosa alguna, y si mucha más gente hubiera, aunque fuera cuanta al presente hay en Toledo o más, que de otra cosa no se hubiera de mantener, se pudiera asimismo matar cada día toda la sardina que fuera menester, y que sobrara mucha más, y cuanta quisieran.

Tornando a los alcatraces, así como viene la marea, y sardina con ella, ellos también vienen con la marea, volando sobre ella, y tanta multitud de ellos, que parece que cubren el aire, y continuamente no hacen sino caer de alto en el agua, y tomar las sardinas que pueden, y súbito tornarse a levantar volando; y comiéndoselas muy presto, luego tornan a caer, y se tornan a levantar de la misma manera, sin cesar; y así, cuando la mar se retrae, se van en su seguimiento los alcatraces, continuando su pesquería, como es dicho. Juntamente andan con estas aves otras que se llaman rabihorcados, de que atrás se hizo mención; y así como el alcatraz se levanta con la presa que hace de las sardinas, el dicho rabihorcado le da tantos golpes, y lo persigue hasta que le hace lanzar las sardinas que ha tragado; y así como las echa, antes que ellas toquen o lleguen al agua, los rabihorcados las toman, y de esta manera es una gran deletación verlo todos los días del mundo. Hay tantos de los dichos alcatraces, que los cristianos envían a ciertas islas y escollos que están cerca de la dicha Panamá, en barcas y canoas, por los alcatraces, cuando son nuevos que aún no pueden volar, y a palos matan cuantos quieren, hasta cargar las canoas o barcas de ellos; y están tan gordos y bien mantenidos, que de gruesos no se pueden comer, ni los quieren sino para hacer de la grosura de ellos óleo para quemar de noche en los candiles, el cual es muy bueno para esto, y de dulce lumbre y que muy de grado arde. En esta manera y para este efecto se matan tantos, que no tienen número, y siempre parece que son muchos más los que andan en la pesquería de las sardinas, como es dicho.

CUERVOS MARINOS

Atrás se dijo que hay cuervos marinos, de la misma manera que los hay acá. No torné aquí a hablar en ellos sino para decir la muchedumbre de ellos que hay en la mar del Sur, en aquella costa de Panamá, donde puede vuestra majestad creer que algunas veces vienen tantos juntos en demanda de aquestas sardinas que dije en el capítulo antes de éste, que, asentados en el agua, cubren gran parte de la mar, que están las manchas de ellos tamañas, casi como esta vega, que está al pie de esta ciudad de Toledo; y estos escuadrones o multitudes de estos cuervos, en muchas partes y muy a menudo, cada día se ven en la dicha costa del Sur, allí donde he dicho, y no parece todo aquello que toman y ocupan del agua, sino un terciopelo o paño muy negro, sin intervalo, según están juntos estos cuervos, los unos a par de los otros, y así como los alcatraces, se van y vienen con las mareas secutando* la pesquería de estas sardinas; las cuales a algunos saben bien, y a mí no, porque son tan dulces, que a tres veces que comí de ellas las aborrecí, y nunca pescado de cuantos allá ni acá he visto, yo comería de tan mala voluntad; pero otros hombres se hallan bien con ellas.

GALLINAS OLOROSAS**

De las gallinas de España hay muchas y auméntanse mucho, porque no dejan de sacar cuantos huevos pueden cubrir con las alas; las cuales han procedido de las que de acá en los principios se llevaron; pero sin éstas, hay unas gallinas bravas, que son tan grandes como pavos, y son negras, y la cabeza y parte del pescuezo algo pardo, o no tan negro como lo demás de ellas, y aquello pardo o menos negro no es pluma, sino el cuero. Son de muy mala carne y peor sabor, y muy golosas, y comen muchas suciedades y indios

---

* Ejecutando.
** Son los zopilotes o auras.

y animales muertos; pero huelen como almizcle y muy bien en tanto que están vivas, y como las matan pierden aquel olor, y a ninguna cosa son buenas, salvo sus plumas para emplumar saetas y virotes; y sufren muy gran golpe, y ha de ser muy recia la ballesta que la mate, si no le dan en la cabeza o le quiebran alguna de las alas, y son muy importunas, y amigas de estar en el pueblo y cerca de él, por comer las inmundicias.

PERDICES

Perdices hay en Tierra-Firme muy buenas, y de tan buen sabor como las de España, y son tan grandes como las gallinas de Castilla, y tienen unas tetillas sobre otras. Así que tienen dos pares de ellas, y tanta carne, que ha de ser muy comedor el que a una comida o pasto de una vez la acabare. La pluma es parda, así en el pecho como en las alas y cuello, y todo lo demás de aquella misma color y plumaje que las perdices de acá tienen los hombros, y ninguna pluma tienen de otra color. Los huevos que estas perdices ponen son casi tan grandes como los grandes de estas gallinas comunes de España, y son casi redondos, y no prolongados tanto como los de las gallinas, y son azules, de la color de una muy finísima turquesa. Toman estas perdices los indios con reclamos, armándoles lazos, y yo las he tenido vivas, y las he comido algunas veces en Tierra-Firme. La manera del reclamo es, que se ase el indio de una vedija de cabellos de encima de la frente, casi de a par de la coronilla, o más cerca de lo alto de la cabeza, y tira y afloja, meneando la cabeza, y con la boca hace cierto son, que es casi silbando, de la misma manera que aquellas perdices cantan; y vienen a este reclamo, y caen en los lazos que les tienen puestos de hilo de henequén, del cual hilo se dijo largamente en el capítulo diez; y así las toman, y son muy excelente manjar asadas, perdigándolas primero, y así de esta manera como cocidas o de cualquier forma que se coman. Quieren parecer mucho en el sabor a las perdices de España, y la carne de ellas es así tiesa, y son mejores de comer el segundo día que las matan, porque estén algo manidas o más tiernas. Otras perdices hay menores que las susodichas, que son como estarnas o perdices de las que acá dicen pardillas, que son asaz buenas; pero aunque en el sabor quieren parecer a las de acá, no son tales, con mucho, como las grandes; y estas pequeñas tienen la pluma asimismo pardilla, pero tiran algo a rubio aquel plumaje sobre pardillo, y tómanse más a menudo que las grandes, y son mejores para los dolientes, porque no son tan recias de digestión.

FAISANES

Los faisanes de Tierra-Firme no tienen la pluma que los faisanes de España, ni son tan lindos en la vista; pero son muy buenos y excelentes en el sabor, y parecen mucho en el gusto a las perdices grandes, de quien se trató en el capítulo antes de éste; el plumaje de estas aves son pardos, así como las perdices, y no tan grandes; pero son más altos de pies, y tienen las colas luengas y anchas, y mátanse de ellas muchas con las ballestas, y hacen cierto canto, a manera de silbos, muy diferente del canto de las perdices y mucho más alto, porque de bien lejos se oyen, y esperan mucho; y así, los ballesteros los matan muy a menudo.

PICUDOS*

Una ave hay en Tierra-Firme, que los cristianos llaman picudo, y tiene un pico muy grande, según la pequeñez del cuerpo, el cual pico pesa mucho más que todo el cuerpo. Este pájaro no es mayor que una codorniz o poco más, pero el bulto es muy mayor, porque tiene mucha más pluma que carne. Su plu-

---

* Son los tucanes.

maje es muy lindo y de muchas colores, y el pico es tan grande como un geme o más, revuelto para abajo, y al principio, a par de la cabeza, tan ancho como tres dedos o casi; y la lengua que tiene es una pluma, y da grandes silbos, y hace agujeros con el pico en los árboles, por donde se mete, y cría allí dentro; y cierto es ave muy extraña y para ver, porque es muy diferente de todas cuantas aves yo he visto, así por la lengua, que, como es dicho, es una pluma, como por su vista y desproporción del gran pico, a respeto del cuerpo. Ninguna ave hay que cuando cría esté más segura y sin temor de los gatos, así porque ellos no pueden entrar a tomarles los huevos o los hijos, por la manera del nido, como porque en sintiendo que hay gatos se meten en su nido y tienen el pico hacia fuera, y dan tales picadas, que el gato ha por bien de no curar de ellos.

DEL PÁJARO LOCO*

Unos pájaros hay, que los cristianos llaman locos por les dar el nombre al revés de sus efectos, como suelen nombrar otras cosas, según atrás queda dicho, porque en la verdad ninguna ave de las que

*Es la actual oropéndola.

en aquellas partes yo he visto muestra ser más sabia y astuta ni de tal distinto natural para criar sus hijos sin peligro. Aquestas aves son pequeñas y casi negras, y son poco mayores que los tordos de acá; tienen algunas plumas blancas en el cuello, y traen la diligencia de las picazas; pero muy pocas veces se posan en tierra, y hacen sus nidos en árboles desocupados o apartados de otros, porque los gatos monillos acostumbran irse de árbol en árbol y saltar de unos a otros, y no bajar a tierra, por temor de otros animales, sino es cuando han sed, que bajan a beber, en tiempo que no puedan ser molestados. E por eso estas aves no quieren ni suelen criar sino en árbol que esté algo lejos de otros, y hacen un nido tan luengo o más que el brazo de un hombre, a manera de talega, y en lo bajo es ancho, y hacia arriba de donde está colgado, se va estrechando y hace un agujero por donde entran en aquella talega, no mayor de cuanto el dicho pájaro puede caber; y porque, en caso que los gatos suban a los árboles donde aquestos nidos están, no les coman los hijos, tienen otra astucia grande, y es que aquellas ramas y pujas o cosas de que hacen estos nidos son muy ásperas y espinosas, y no las puede tomar el gato en las manos sin se lastimar; y están tan entretejidos y fuertes, que ningún hombre los sabría hacer de aquella manera; y si el gato quiere meter la mano por el agujero del dicho nido para sacar los huevos o los hijos pequeños de estas aves, no los puede alcanzar ni llegar al cabo, porque como es dicho, son luengos más de tres palmos o cuatro, y no puede el brazo del gato alcanzar al suelo del nido. Hacen otra cosa, y es que en un árbol hay muchos nidos de éstos. E la causa por qué hacen muchos de estos pájaros sus nidos en un mismo árbol debe ser por una de dos cosas, o porque de su natura sean sociables y amigos de compañía de su misma ralea o casta, como los aviones, o porque si por caso los gatos subieran al árbol donde crían haya diversos o muchos nidos en que se determine la ventura del que ha de ser molestado del gato, y haya más cantidad de pájaros de los mayores de ellos que hagan la vela por todos, los cuales, en viendo los gatos, dan grandes gritos.

PICAZAS

Hay en Tierra-Firme y también en las islas unas picazas que son menores que las de España, y tienen su diligencia y andar a saltos; pero son todas negras, y tienen los picos de la hechura que los tienen los papagayos, y asimismo negros, y las colas luengas, y son poco mayores que tordos.

PINTADILLOS*

Unos pájaros hay que se llaman pintadillos, y son muy pequeños, como los que acá llaman pinchicos o de siete colores, y estos pajaricos, de temor de los gatos, siempre crían sobre las riberas de los ríos o de la mar, donde las ramas de los árboles alcancen con los nidos al agua con poco peso que encima de ellas se cargue, y hacen los dichos nidos casi en las puntas de las dichas ramas, y cuando el gato va por la rama adelante ella se abaja y pende al agua, y el gato, de temor, se torna y no cura de los nidos, por temor de caer; porque de todos los animales del mundo, no obstante que ninguno le sobra en malicia, y que naturalmente la mayor parte de los animales saben nadar, estos gatos no lo saben, y muy presto se ahogan. Estos pajaricos hacen sus nidos de manera que aunque se mojen y hinchan de agua, luego se sale, y aunque los pajaricos nuevos con el nido estén debajo del agua, por pequeños que sean, no se ahogan por eso.

RUISEÑORES Y OTROS PÁJAROS QUE CANTAN

Hay muchos ruiseñores y otras muchas aves pequeñas, que cantan maravillosamente y con mucha

---

* No pueden ser los jilgueros, aves desconocidas en la América tropical.

melodía y diferentes maneras de cantar, y son muy diversos en colores los unos de los otros. Algunos hay que son todos amarillos, y otros que todos son colorados, de una color tan fina y excelente, que no se puede creer ni ver otra cosa más subida en color, como si fuese un rubí, y otros de todas colores y diferencias, algunos mezcladas aquellas colores, y otros de pocas, y algunos de una sola, y tan hermosos, que en lindeza exceden y hacen mucha ventaja a todos los que en España y Italia y en otros reinos y provincias muchas yo he visto. E tómanse muchos de ellos con armanzas y liga y costillas, y de muchas maneras.

PÁJARO MOSQUITO

Hay unos pajaritos tan chiquitos, que el bulto todo de uno de ellos es menor que la cabeza del dedo pulgar de la mano, y pelado es más de la mitad menor de lo que es dicho; es una avecica que, demás de su pequeñez, tiene tanta velocidad y presteza en el volar, que viéndola en el aire no se le pueden considerar las alas de otra manera que las de los escarabajos o abejones, y no hay persona que le vea volar que piense que es otra cosa sino abejón. Los nidos son según la proporción o grandeza suya. Yo he visto uno de estos pajaricos que él y el nido puestos en un peso de pesar oro pesó todo dos tomines, que son veinte y cuatro granos, con la pluma, la cual si no tuviera, fuera el peso mucho menos. Sin duda parecía en la sotileza de sus piernas y manos a las avecicas que en las márgenes de las horas de rezar suelen poner los iluminadores; y es de muy hermosas colores su pluma, dorada y verde y de otras colores, y el pico luengo según el cuerpo, y tan delgado como un alfiler. Son muy osados, y cuando ven que algún hombre sube en el árbol en que cría, se le va a meter por los ojos, y con tanta presteza va y huye y torna, que no se puede creer sin verlo; cierto es cosa la pequeñez de este pajarico, que no osara hablar en él sino porque sin mí hay en esta corte de vuestra majestad otros testigos de vista. De lo que hacen el nido es del flueco o pelos de algodón, del cual hay mucho y les es mucho al propósito.

PASO DE AVES

Visto he algunos años en el mes de marzo, por espacio de quince y veinte días, y algunos años más, y desde la mañana hasta ser de noche, ir el cielo cubierto de infinitas aves y muy altas, y tanto elevadas, que muchas de ellas se pierden de vista, y otras van muy bajas, a respecto de las más altas, pero harto altas, a respecto de las cumbres y montes de la tierra, y van continuadamente en seguimiento o al luengo desde la parte del norte septentrional a la del mediodía o vía del polo Austral. Así que vienen de la parte de la mar hacia la parte de la tierra, y así atraviesan todo lo que del cielo se puede ver en la longueza o viaje que hacen estas aves, y de ancho ocupan muy gran parte de lo que se ve del cielo. E la mayor parte de estas aves son, al parecer, águilas negras, y otras de muchas maneras y muy grandes, y otras aves de rapiña. Las diferencias y plumajes de las cuales no se pueden bien comprender, porque no bajan tanto que esto se pueda entender, ni discernirlo la vista; pero en la manera del volar y en la grandeza y diferencias de los tamaños se conoce que son de muchos y diversos géneros. Este paso de estas aves es sobre la ciudad y provincia de Santa María del Antigua del Darien, en Tierra-Firme, en aquella parte que se llama Castilla del Oro. Otras muchas maneras de aves hay en Tierra-Firme, que sería muy larga cosa de escribirlo extensamente, así porque de todas, aunque se ven muchas, sería imposible especificarlo, como porque de otras muchas más que yo tengo escrito en mi *General historia de Indias*, no ocurre al presente a mi memoria más de lo que en el presente sumario está dicho.

DE LAS MOSCAS Y MOSQUITOS
Y ABEJAS Y AVISPAS Y HORMIGAS,
Y SUS SEMEJANTES

En las Indias y Tierra-Firme hay muy poquitas moscas, y a comparación de las que hay en Europa se puede decir que acullá no hay algunas, porque raras veces se ven algunas.

Mosquitos hay muchos y muy enojosos y de muchas maneras, en especial en algunas partes de las costas de la mar y de los ríos, y también en muchas partes de la tierra no los hay.

Hay muchas avispas y muy peligrosas y ponzoñosas, y su picadura es sin comparación más dolorosa que la de las avispas de España, y tienen casi la misma color, pero son mayores y más rubio el amarillo de ellas, y con ello en las alas mucha parte de color negra, y las puntas de ellas rubias de color tostado. Hacen muy grandes avisperos, y los racimos de ellos llenos de vasillos del tamaño de los panales que en España hacen las abejas, pero secos y blancos sobre pardos, y no tienen en ellos ningún licor, sino sus crianzas o aquello de que se forman, y hay muchas en los árboles, y también se hacen muchas en las techumbres y maderas de las casas.

ABEJAS

Hay muchas abejas, que crían en las hoquedades de los árboles, y son pequeñas, del tamaño de las moscas, o poco más, y las puntas de las alas tienen cortadas al través, de la fación o manera de las puntas de los machetes victorianos, y por medio del ala una señal al través, blanca, y no pican ni hacen mal, ni tienen aguijón, y hacen grandes panales, y los agujerillos de ellos hay en uno más que en cuatro de los de acá, aunque ellas son menores abejas que las de España, y la miel es muy buena y sana, pero es morena casi como arrope.

HORMIGAS

Las diferencias de las hormigas son muchas, y la cantidad de ellas tanta, y tan perjudiciales algunas de ellas, que no se podría creer sin haberlo visto, porque han hecho mucho daño, así en árboles como en azúcares y en otras cosas necesarias al mantenimiento de los hombres; pero por no me detener en esto, digo que aquellas que los osos hormigueros comen son de una manera y son pequeñas y negras, y otras hay rubias, y otras hay que llaman comején, que la mitad son hormigas, y la otra mitad es un gusanico que

traen metido en una casilla o cáscara blanca que llevan arrastrando, y son muy dañosas, y penetran las
maderas y casas, y hacen mucho daño éstas que son
comején; las cuales, si suben por un árbol o por una
pared, o por doquiera que hagan su camino, llevan
una bóveda de tierra, cubierta toda, tan gruesa como
un dedo y como la mitad, y más y menos, y debajo
de aquel artificio o camino cubierto van hasta donde
quieren asentar, y allí donde paran ensanchan
mucho aquella bóveda, y hacen una casa de barro,
cubierta y tan grande como tres y cuatro palmos, y
más y menos, y tan ancha como es luenga o como la
quieren hacer, y allí crían, y por aquel lugar po-
drescen y comen la madera, y asimismo las paredes
hasta dejarlas tan huecas como un panal, y es menester tener aviso para que así como comienzan a hacer
aquellas bóvedas o senderos cubiertos se les rompan
antes que tengan lugar de hacer daño en las casas,
porque para la casa es aqueste animal no otra cosa
que la polilla para el paño.

Hay otras hormigas mayores que las susodichas, y
con muchas diferencias; pero entre todas tienen el
principado de malas unas que hay negras y tan grandes casi como abejas de acá, y éstas son tan pestífe-
ras, que con ellas y otros materiales ponzoñosos los
indios hacen la yerba que tiran con sus flechas, la
cual yerba es sin remedio, y todos los que con ella

son heridos mueren, que entre ciento no escapan cuatro; de estas hormigas se ha visto muchas veces por experiencia en muchos cristianos picados de ellas que así como pican dan luego calentura grandísima, y nace un encordio al que han picado.* Otras hay que son del tamaño de las hormigas comunes de España, pero aquéllas son bermejas, y éstas y todas las más de las otras que de suso tengo dicho que hay en Tierra-Firme son de paso.

TÁBANOS

En Tierra-Firme hay muchos tábanos y muy enojosos, y pican mucho, y hay muchas diferencias de ellos, y tantas, que sería largo y enojoso proceso de escribir, y no apacible a los lectores.

ALUDAS

En aquellas partes hay aludas, de la misma manera que las hay en España; y así, se hacen cuando a las hormigas les nacen las alas, y son algo menores que las aludas de acá.

* Estas hormigas venenosas son las llamadas en México chicalotas.

DE LAS VÍBORAS Y CULEBRAS Y SIERPES Y LAGARTOS Y SAPOS Y OTRAS COSAS SEMEJANTES. VÍBORAS

Hay en Tierra-Firme, en Castilla del Oro, muchas víboras, según y de la misma manera que las hay en España, y los que son picados de ellas muy presto mueren, porque pocos hombres pasan del cuarto día si presto no son socorridos; pero entre ellas hay una especie de víboras menores que las otras, y de las colas son algo romas, y saltan en el aire a picar al hombre. E por esto algunos llaman tiro a esta manera de víbora, y la mordedura de estas tales es más venenosa, y incurable las más veces. Una de éstas me picó una india de las que en mi casa me servían, en un heredamiento, y fue muy presto socorrida con muchas cosas, y asimismo con la sangrar o dar lancetadas en un pie en que fue picada, y se hizo en ella todo lo que los cirujanos ordenaron; pero ninguna cosa aprovechó, ni le pudieron sacar gota de sangre, sino una agua amarilla, y antes del tercero día expiró, que ningún remedio tuvo, y lo mismo acaeció a otras personas; esta misma india que así he dicho que murió era de edad de hasta catorce años o menos, y muy ladina, porque hablaba castellano como si naciera y se criara toda su vida en Castilla, y decía que aquella víbora que le había picado en la garganta de un pie sería de dos palmos o poco más, y que saltó en el aire para la picar desde a más de seis pasos. E con aquesto concordaban muchas personas que tenían conocimiento de las dichas víboras o tiros, y que habían visto morir a otras personas de semejantes picaduras, y éstas son las más ponzoñosas que allá hay.

CULEBRAS O SIERPES

Unas culebras delgadas, y luengas de siete o ocho pies, he visto yo en Tierra-Firme; las cuales son tan coloradas, que de noche parecen una brasa viva, y de día son casi tan coloradas como sangre. Éstas son asaz ponzoñosas, pero no tanto como las víboras.

Hay otras más delgadas y cortas y negras, y éstas salen de los ríos, y andan en ellos y por tierra cuando quieren, y son asimismo harto ponzoñosas.

Otras culebras son pardas, y son poco mayores que las víboras, y son nocivas y ponzoñosas.

Hay otras culebras pintadas y muy luengas. E yo vi una de éstas el año de 1515 en la isla Española, cerca de la costa de la mar, al pie de la sierra que llaman de los Pedernales, y la medí, y tenía más de veinte pies de luengo, y lo más grueso de ella era mucho más que un puño cerrado, y debiera de haber sido muerta aquel día, porque no hedía y estaba la sangre fresca, y tenía tres o cuatro cuchilladas. Estas culebras tales son de menos ponzoña que todas las susodichas, salvo que por ser tan grandes pone mucho temor el verlas. Acuérdome que estando en el Darien, en Tierra-Firme, el año de 1522 años, vino del campo muy espantado un Pedro de la Calleja, montañés, natural de Colindres, una legua de Laredo, hombre de crédito y hidalgo, el cual dijo que había visto en una senda dentro de un maizal solamente la cabeza con poca parte del cuello de una culebra o serpiente, y que no pudo ver lo demás de ella a causa de la espesura del maíz, y que la cabeza era muy mayor que la rodilla doblada de una pierna de un hombre mediano, y allí lo juraba, y que los ojos no le habían parecido menores que los de un becerro grande; y como la vio desde algo apartado, no osó pasar, y se tornó; lo cual el susodicho contó a muchos y a mí, y todos lo creímos por otras muchas que en aquellas partes habían visto algunos de los que al dicho Pedro de la Calleja le escuchaban lo que es dicho; y en aquella sazón, pocos días después de esto, en el mismo año, mató una culebra un criado mío, que desde la boca hasta la punta de la cola tenía de luengo veinte y dos pies, y en lo más grueso de ella era más gorda que dos puños juntos de las manos de un hombre mediano, y la cabeza más gruesa que un puño, y la mayor parte del pueblo la vido; y el que la mató se llama Francisco Rao y es natural de la villa de Madrid.

ESTE LIBRO, PUBLICADO POR
EDICIONES RIALP, S.A.,
MANUEL URIBE 13-15, 28033 MADRID,
SE TERMINÓ DE IMPRIMIR EN
ANZOS, S. L., FUENLABRADA (MADRID),
EL DÍA 28 DE NOVIEMBRE DE 2023.

Yu-ana es una manera de sierpe de cuatro pies, muy
espantosa de ver y muy buena de comer, de la cual
en el capítulo seis, atrás, se dijo suficientemente lo
que convenía de este animal o sierpe; hay muchas de
ellas en las islas y en Tierra-Firme.

LAGARTOS O DRAGONES

Hay muchos lagartos y lagartijas de la manera de los
de España, y no mayores, pero no son ponzoñosos;
otros hay grandes, de doce y quince pies, y mucho
más de luengo, y más gruesos que una arca o caja; y
algunos de los más grandes son tan gordos casi como
una pipa, y la cabeza y lo demás a proporción, y el
hocico tiénenle muy luengo, y el labio de alto hora-
dado en derecho de los colmillos, por los cuales agujeros salen los colmillos que tiene en la parte más
baja de la boca; los cuales y los dientes tienen muy
fieros; y en el agua es velocísimo, y en tierra algo
pesado y torpe, a respecto de la habilidad que en el
agua tiene. Muchos de ellos andan en las costas y
playas de la mar, y entran y salen de ella por los ríos

* Yuana, palabra de la lengua caribe, de la que procede iguana.

y esteros que entran en ella, y son de cuatro pies, y tienen muy recias conchas, y por medio del espinazo está lleno de luengo a luengo de puntas o huesos altos, y son tan recios de pasar sus cueros, que ninguna espada o lanza los puede ofender, si no les dan debajo de aquella piel durísima por las ijadas o la tripa, porque por allí es flaca y vencible la piel de estos lagartos o dragones, los cuales cuando quieren desovar, es en el tiempo más seco del año, en el mes de diciembre, que los ríos no salen de su curso, y en aquella sazón, faltando las lluvias, no les pueden llevar los huevos las crecientes; y hacen de esta manera: sálense a los arenales y playas por la costa o ribera de los ríos, y hacen un hoyo en la arena, y ponen allí doscientos o trescientos huevos, o más, y cúbrenlos con la dicha arena, y *ad putrefactionem*, con el sol se animan y toman vida, y salen de debajo del arena y vanse al río que está junto, siendo no mayores que un geme, o poco menos grandes, y después crecen hasta ser tan gruesos y tamaños como atrás se dijo, y en algunas partes hay tantos de ellos, que es cosa para espantar; y lo más continuamente se andan en los remansos y hondo de los ríos, y cuando salen fuera de ellos por la tierra y playas, todo aquel contorno vecino huele a almizcle, y sálense a dormir muchas veces a los arenales cerca del agua, y cuando se desvían algo más y los topan los cristianos, luego huyen al agua; y no saben correr haciendo vueltas o a un costado o a otro declinando, sino derecho; y así, aunque vaya tras un hombre no le alcanzará si el tal hombre es avisado de lo que es dicho y tuerce el correr al través; antes muchas veces por esta causa ha acaecido irle dando de palos y cuchilladas hasta lo matar o hacer entrar en el agua; pero lo mejor es desde lejos de ellos tirarles con ballestas y escopetas, porque con las otras armas, así como espadas o dardos y lanzas, poco daño le pueden hacer, excepto si le aciertan a dar por la barriga y ijadas, porque aquello tiene muy delgado; y cuando corren por tierra llevan la cola levantada sobre el lomo, enarcada como las plumas de la cola del gallo, y la barriga no arrastrando, sino alta de tierra un palmo, o más o menos, al respecto de la grandeza o altura de los brazos, y tienen manos y pies en fin de los dichos brazos y piernas; y los tales pies y manos muy hendidos, y los dedos luengos y las uñas luengas. Finalmente, que estos lagartos son muy espantosos dragones en la vista: quieren algunos decir que son cocatrices,* pero no es así; porque la cocatriz no tiene expiradero alguno más de la boca, y aquestos lagartos o dragones sí; y la cocatriz tiene dos mandíbulas, así alta como baja, y así menea la superior tan bien como la inferior, y aquestos lagartos que digo no

* Cocodrilos.

tienen más de la mandíbula baja. Son en el agua muy velocísimos y muy peligrosos, porque se comen muchas veces los hombres y los perros y los caballos y las vacas al pasar de los vados; y por esto se tiene aqueste aviso, que cuando alguna gente pasa por algún río en que los hay, siempre se toma el vado por los raudales y donde el agua va más baja y corriente mucho, porque los dichos lagartos siempre se apartan de los raudales y de donde está bajo el río. Muchas veces acaece, matándolos, que les hallan en el vientre una y dos espuertas de guijarros pelados, que el lagarto come por su pasatiempo y los degiste.* Mátanlos muchas veces, con anzuelos gruesos de cadena, y de otras maneras, y algunas veces hallándolos fuera del agua, con las escopetas. Estos animales más los tengo yo por bestias marinas y de agua que no terrestres, puesto que, como es dicho, nacen en tierra, de aquellos huevos que entierran en los arenales, los cuales son tan grandes o más que los de las ánsares, y son tan anchos en el un cabo o punta como de la otra parte o cabo; y si dan en el suelo con ellos, no se quiebran para se salir, pero quiébrase la cáscara primera, que es como la de los huevos de las ánsares; y entre aquélla y la clara tiene una tela delgada que parece baldrés,**

* Digiere.
** Piel de oveja, curtida, suave y fina..

que no se rompe sino con alguna punta de herramienta o de palo agudo; y dando en el suelo con un huevo de estos, salta para arriba y hace un bote, como si fuese pelota de viento. No tienen yema, y todos son clara, y guisados en tortillas son buenos y de buen sabor; yo he comido algunas veces de estos huevos, pero no he comido de los lagartos, puesto que muchos cristianos los comían cuando los podían haber, en especial los pequeños, al principio que la tierra se conquistó, y decían que eran buenos. E cuando estos lagartos dejaban los huevos cubiertos en el arena, y algún cristiano los hallaba, cogía aquella nidada, y traíalos a la ciudad del Darien, y dábanle cinco o seis castellanos, y más, según los que traía, a razón de un real de plata por cada huevo; yo los pagué en este precio, y los comí algunas veces en el año de 1514 años; pero después que hubo mantenimientos y ganados, se dejaron de buscar, pero no porque si con ellos topan acaso, dejen de comerlos de buena voluntad algunos.

ESCORPIONES

Hay en muchas partes escorpiones venenosos en la Tierra-Firme, y yo los hallé en Santa Marta, dentro en tierra, bien tres leguas apartado de la costa y puerto de mar, donde el año de 1514 tocó el armada que por mandado del rey Católico don Fernando V, de gloriosa memoria, pasó a la Tierra-Firme. Son casi negros sobre rubios; y en Panamá, en la costa del mar del Sur, los he visto asimismo algunas veces.

ARAÑAS

Hay arañas grandes, y yo las he visto mayores que la mano extendida, con piernas y todo; pero dejados los brazos, sino solamente el cuerpo, digo que aquello de en medio de una araña que vi una vez, era tamaño como un gorrión o pájaros de estos pardales, y llena de vello, y la color era pardo oscuro, y los ojos mayores que de un pájaro de los que he dicho; son ponzoñosas, pero de aquestas grandes hállanse raras veces, y muchas comúnmente mayores que las de estas partes.

CANGREJOS

Cangrejos son unos animales terrestres que salen de unos agujeros que ellos hacen en tierra, y la cabeza y cuerpo es todo una cosa redonda que quiere mucho parecer capirote de halcón, y del un costado le salen cuatro pies, y otros tantos del otro lado, y dos bocas como pincetas, la una mayor que la otra, con que muerden, pero su bocado no duele mucho ni es ponzoñoso; su cáscara o cuerpo y lo demás es liso y delgado como la cáscara del huevo, salvo que es más dura. La color es parda o blanca o morada que tira a azul, y andan de lado y son buenos de comer, y los indios se dan mucho a este manjar, y aun también en Tierra-Firme muchos cristianos, porque se hallan muchos, y no son manjar costoso ni de mal sabor; y cuando los cristianos van por la tierra adentro, es manjar presto y que no desplace, y cómense asados en las brasas. Finalmente, la hechura de ellos es de la misma manera que se pinta el signo de Cáncer; en el Andalucía, a la costa de la mar y del río de Guadalquivir, donde entra en ella, en San Lúcar, y en otras partes muchas, hay cangrejos, pero son de agua, y los que he dicho de suso son de tierra. Algunas veces son dañosos y mueren los que los comen, en especial cuando los dichos cangrejos han comido algunas cosas ponzoñosas o manzanillas de aquellas de que se hace la yerba con que tiran los indios caribes flecheros, de la cual se dirá adelante; pero por esto se guardan los cristianos de comer de ellos cuando los hallan cerca de donde hay los dichos árboles de las manzanillas; aunque se coman muchos de aquellos que son buenos, no hacen mal ni es vianda que empacha.

Hay muchos sapos en la Tierra-Firme y muy enojosos por la grande cantidad de ellos; pero no son ponzoñosos: donde más de ellos se han visto es en la ciudad del Darien, muy grandes; tanto, que cuando se mueren en tiempo de la seca, quedan tan grandes huesos de algunos, en especial algunas costillas, que parecen de gato o de otro animal tamaño; pero como cesan las aguas, poco a poco se consumen y se acaban, hasta que el año siguiente, al tiempo de las lluvias, los torna a haber; pero ya no hay con mucha cantidad tantos como solía; y la causa es que, como la tierra se va desabahando y tratándose de los cristianos, y cortándose muchos árboles y montes, y con el hálito de las vacas y yeguas y ganados, así parece que visible y palpablemente se va desenconando y deshumedeciéndose, y cada día es más sana y apacible. Estos sapos cantan de tres o cuatro maneras, y ninguna de ellas es apacible; algunos como los de acá, y otros silbando, y otros de otra forma; unos hay verdes y otros pardos, otros casi negros; pero todos, los unos y otros, muy feos y grandes y enojosos, porque hay muchos; pero como es dicho, no son ponzoñosos; y donde se pone recaudo para que no haya agua encharcada y que corra o se consuma, luego no hay sapos; que ellos se van a buscar los pantanos, etcétera.

ÍNDICE